A LA MÉMOIRE

DE

MONSIEUR VALETTE

1805-1878

A LA MÉMOIRE

DE

MONSIEUR VALETTE

MEMBRE DE L'ACADÉMIE DES SCIENCES
MORALES ET POLITIQUES

PROFESSEUR DE CODE CIVIL A LA FACULTÉ DE DROIT
DE PARIS

Un Ami de la famille Valette

PARIS
CHALLAMEL AÎNÉ, ÉDITEUR, 5, RUE JACOB

1878

En annonçant la mort de M. Valette, tous les journaux de Paris se sont empressés de saluer l'illustre défunt de leurs plus respectueux hommages. Tous ont pensé qu'une telle mort était un malheur pour le pays. M. Valette a honoré la France par ses écrits comme jurisconsulte, par ses talents comme professeur, par son intégrité comme homme public, par ses vertus comme citoyen. Qu'il soit permis à un ami de la famille de recueillir ici ces différents témoignages d'estime. On y ajoutera seulement quelques détails plus intimes, qui mettront à même d'étudier de plus près un si beau caractère.

M. Claude-Denys-Auguste Valette était né à Salins, en 1805. Il était fils d'un ancien officier des armées de la République. Dès son jeune âge, il manifesta un goût prononcé pour la musique, et à 9 ans il était reçu élève du Conservatoire. L'année suivante, ses parents le plaçaient au Lycée de Versailles. Il y fit des humanités solides et brillantes, qui eurent la plus heureuse influence sur le reste de sa carrière. Une fois initié aux beautés des lettres antiques, il ne cessa jamais de les cultiver. Les grands écrivains d'Athènes et de Rome lui demeurèrent des amis familiers, avec lesquels il conversait chaque jour. Le latin était pour lui une langue d'enfance. Il l'écrivait correctement, et s'en servait pour correspondre avec les jurisconsultes étrangers.

Etant venu à Paris pour y faire son droit, il se fit bientôt remarquer comme un élève d'avenir. A la manière dont il subissait ses examens, les professeurs jugèrent qu'il deviendrait leur collègue. Il se surpassa dans la soutenance de sa thèse, en 1830. Dès ce jour-là, sa vocation définitive était déclarée.

En 1833, il était nommé professeur suppléant, et, en 1837, professeur titulaire. Ainsi, à 32 ans, il montait dans cette chaire de code civil, à la Faculté de droit de Paris, qu'il devait si fort honorer pendant plus de quarante années. C'était arriver jeune au terme légitime de sa vie.

Comment M. Valette est-il devenu un des professeurs les plus écoutés de ce siècle ? Comment a-t-il su grouper autour de lui et intéresser si longtemps l'élite de la jeunesse studieuse ? Il faudrait être soi-même initié à l'enseignement du droit pour le pouvoir préciser.

Peu de professeurs ont laissé dans l'esprit de leurs élèves des traces si profondes. Vous avez aujourd'hui dans la magistrature et dans le barreau une multitude d'hommes distingués qui ont suivi les cours de M. Valette. Tous se rappellent son enseignement, ses vues générales, ses applications pratiques du code civil. Si, hier encore, ils se pressaient si nombreux autour de son cercueil, comme il y a des années au pied de sa chaire, c'est que tous tenaient à dire qu'ils avaient été et étaient demeurés ses disciples.

M. Valette voulait avant tout maintenir à un niveau élevé l'étude du droit civil. Bien qu'il s'adressât à tous les élèves, il n'était vraiment compris et goûté que par ceux qui savaient les premiers éléments du code civil, et avaient déjà feuilleté quelques auteurs. Pour l'étudiant sérieux, ardent au travail, M. Valette était un maître incomparable. Il commençait sa leçon par indiquer sommairement les principes du sujet qu'il allait traiter. Son esprit philosophique envisageait la question d'en haut, sous la lumière de la raison. Il étudiait ensuite, scrupuleusement, en vrai légiste, les textes de la loi ; puis il en faisait jaillir une foule d'aperçus inattendus, délicats, que justifiaient bientôt les diverses décisions de la jurisprudence. Son enseignement n'était ni dogmatique, ni solennel. C'était une causerie, sévère entre toutes, savante, tendant toujours à des conclusions pratiques. Son fond était riche, sa forme jamais négligée. Il cherchait en tout la perfection, et soignait sa leçon comme un poète son sonnet. Chez lui, le philosophe éclairait le légiste, le logicien conduisait le jurisconsulte, le littérateur édictait le tout, dans un langage simple, droit, qui ne manquait ni d'élégance, ni d'images. Il dissertait doctement, sans presse ni gêne, comme un homme qui a le temps devant soi. Sa parole, de robe-longue, rachetait une phrase quelquefois trop fournie, par un mot juste, un jugement serré, qui faisait trait et restait le mot de la question. Une fois habitués à sa manière, ses élèves l'aimaient et lui vouaient un profond respect. Il était bien un peu craint, surtout dans les examens ; mais ce n'était que contre la paresse qu'il était impitoyable. Il était toujours indulgent pour le travail ; et, somme toute, il ne donnait pas moins de boules blanches que ses collègues.

Après la révolution de février, il fut successivement envoyé, comme député du Jura, à l'Assemblée constituante et à la Législative : la Chambre de 1848 le nomma vice-président du comité de législation ; celle de 1849, membre de la commission chargée de l'étude des réformes à apporter dans la procédure criminelle. Dans l'une et l'autre de ces assemblées, il acquit une autorité supérieure. Il se fit remarquer à la tribune, comme dans sa chaire de l'Ecole, par la netteté de ses vues, la sagacité de ses observations, le côté pratique de ses conclusions. Plusieurs fois, il sut s'élever jusqu'à l'éloquence : son discours sur le général Damesmes, mort entre ses bras, fit une grande impression. Son rapport sur le duel, la modération de son enquête sur l'insurrection de juin, l'ardeur avec laquelle il s'opposa aux prétentions de ceux qui voulaient détruire les hautes études universitaires et supprimer les chaires de droit constitutionnel et d'histoire du droit, lui valurent les éloges mérités des membres les plus éclairés de la Chambre. Le matin du 2 décembre, toujours le dernier à savoir les nouvelles courantes, il se rendait, comme de coutume, au Corps législatif. On lui apprit en route la dissolution de l'Assemblée. « L'acte est nul de plein droit, *ipso jure* », se contenta-t-il de dire, et il poursuivit son chemin. Bientôt convaincu par lui-même de la vérité du fait, il demanda d'être arrêté avec ses collègues, en disant qu'il en avait deux fois le droit, comme représentant du peuple, et comme professeur de droit. Il fut en effet incarcéré à Vincennes.

Ce n'était pas seulement la prison qu'il aurait bravée quand il se trouvait en présence d'un droit à défendre. Il avait un courage civique que, dans son sang-froid, il eût porté jusqu'au sacrifice de sa vie. Ne nous l'avait-il pas montré aux journées de juin ? Désigné par l'Assemblée pour aller, au plus fort de l'émeute, la représenter auprès de la garde nationale et de l'armée, il s'était rendu, ceint de son écharpe tricolore, jusqu'au pied des barricades du Panthéon. L'exemple du général de Bréa est là pour nous apprendre combien de telles missions étaient dangereuses.

Du jour où il était entré à l'Assemblée, il s'était rangé dans le parti républicain. Il était républicain, ce que nous appelons aujourd'hui républicain modéré. Il voulait le bien public, par l'égalité de tous, et par l'usage d'une liberté sage et contenue ; ce qui ne l'empêchait pas de combattre en toute occasion cet esprit révolutionnaire qui veut tout détruire pour rebâtir ensuite. Dans sa pensée, la république ne pouvait s'établir que sur les bases séculaires de la Religion et de la morale. Aussi voyait-il avec une grande peine les efforts insensés de ceux qui travaillent à amener le divorce de la République et de la Religion. « Ils perdront la République », disait-il hautement, « ils feront le malheur du pays ».

Du jour où l'empire s'établit, il quitta le monde politique et s'enferma tout entier dans ses chères études de l'Ecole de droit. Il était à l'apogée de son talent comme professeur et comme juriste.

M. Valette a laissé un certain nombre d'ouvrages sur le Droit français. En 1842, paraissait son *Traité de l'effet ordinaire de l'Inscription en matière de privilége sur les immeubles.* Cette même année, il donnait la troisième édition *de l'Etat des Personnes par le jurisconsulte Proudhon, avec des notes et additions* qui furent fort remarquées. En 1846, paraissait son *Traité des Priviléges et des Hypothèques;* et en 1859, son *Explication sommaire du Code Napoléon.*

C'était le même sujet qu'il reprenait en 1873,

dans son premier volume du *Code civil professé à la Faculté de droit*. Le malheur est qu'il se soit pris si tard à éditer, on peut dire, le travail entier de sa vie. Mais, il le faut bien avouer, M. Valette avait deux défauts : le premier, celui de la perfection qui lui faisait remettre son œuvre vingt fois sur le métier, sans en être pour cela satisfait; le second, l'amour, peut-être outré, de la critique ; les difficultés se levaient en foule devant lui, et il passait un temps considérable à les résoudre. On doit néanmoins porter encore au bilan des œuvres de M. Valette sa collaboration active à la *Revue du Droit français et étranger*, à laquelle il travailla avec le savant M. Duvergier, de 1834 à 1843, sans parler d'une foule d'articles écrits dans les journaux de droit et autres publications ne dépassant pas le format d'une brochure. Nul n'a plus travaillé que M. Valette. Etranger aux plaisirs du monde, il avait brisé avec une foule d'usages de la société pour s'adonner tout entier à l'étude. Ses journées se passaient à préparer ses leçons, ce qu'il faisait avec une conscience toujours scrupuleuse, à les donner, à faire subir les examens, à assister à une foule d'assemblées savantes et commissions dont il faisait partie. Nommé, en 1869, pour remplacer M. Troplong à l'Académie des sciences morales et politiques, il en suivait exactement les séances et y donnait des travaux remarqués. Membre du Conseil supérieur de l'Instruction publique ; il ne manqua jamais de s'y rendre. Je n'ose dire qu'il perdait beaucoup de temps à converser avec ses amis. Il conversait si bien, et sur tant de sujets différents ! arts, sciences, histoire naturelle, agriculture, littérature française et étrangère ; il semblait tout savoir, et savoir assez exactement pour professer au coin de la cheminée, comme dans sa chaire de la faculté.

Les meilleurs de ses instants étaient le soir, quand, après le dîner, il pouvait s'asseoir devant son bureau, ayant à ses côtés Mme Valette occupée, elle aussi, à d'humbles travaux. Il était de ceux qui, avec Martial, comptent parmi les félicités humaines les charmes du foyer, *focus perennis*. Avec ses livres ouverts, empilés les uns sur les autres, sa plume, sa pensée, la société qu'il aimait le plus et un bon feu, il passait en silence de longues heures à écrire. Il enrichissait l'arsenal de ses notes, demandait parfois un avis, estimant qu'une femme sensée sait, d'instinct, ce que d'autres cherchent sans trouver ; ou bien il faisait sa correspondance : ce qui était pour lui toute une affaire. On le consultait de partout, de France, d'Europe, et jusque de l'Amérique. Versé dans les langues modernes, il répondait à bon nombre de jurisconsultes dans leur idiome national. Apprendre pour lui une langue n'était rien : il apprit ainsi l'anglais à quarante-six ans, uniquement pour pouvoir correspondre plus facilement avec les légistes d'Outre-Manche. Ainsi se passèrent pour M. Valette plus de quarante années d'études à l'école de Droit, qu'il ne voulut jamais quitter, même pour occuper le siége qui lui avait été offert par deux fois à la Cour de Cassation.

C'est maintenant qu'il faudrait parler de la modestie de ses habitudes, de la pureté de sa vie, de l'honnêteté, de l'amabilité de son commerce. Il était un homme tout d'une pièce, d'une franchise extrême, qui ne connaissait d'autre manière de dissimuler que de se taire. Il allait à tous sans malice, droit devant lui, avec bonhomie, avec prud'homie, comme auraient dit nos pères. Sa bonté était foncière et n'avait pas de limite. C'était par bonté qu'il s'était fait recevoir membre de la Société protectrice des animaux. Il fut bientôt président de cette Société, à laquelle il attachait une grande importance. Que voulez-vous? c'était une justice à ses yeux que de traiter humainement, je veux dire en homme raisonnable, ces serviteurs secondaires que Dieu nous a donnés pour nous aider dans nos travaux ; l'amour de l'équité n'abandonnait jamais M. Valette.

Comment s'étonner après cela qu'il ait été si bon avec tous ceux qui souffrent ! Que de malheureux il a assistés et de ses conseils et de sa bourse ! Que d'aumônes il a faites chez lui et par lui-même, sans compter toutes celles qu'il confiait perpétuellement aux soins charitables de Mme Valette. Toutes les fois que vous aviez à lui parler au nom d'une personne malheureuse, vous le trouviez affable et tout à vous. Du reste, quand on abordait M. Valette pour la première fois, il vous en imposait. Il avait de grandes manières, bien que très-originales. Mais, si vous saviez briser la glace, vous étiez frappé de sa bienveillance : vous vous trouviez en présence d'une pensée élevée au service d'un bon cœur. Il se mettait à votre portée, se montrait tel qu'il était : naïf comme un enfant, vrai jusqu'à la rudesse, et d'une bonté qui surnageait sur tout le reste. Cet homme à l'abord sévère savait très-bien se faire aimer.

M. Valette avait été heureux et il était des doux à qui la terre est promise. A peine professeur titulaire, il avait fait un mariage d'inclination. Pendant trente-neuf ans, rien ne peut dire l'intimité, le bon accord, la paix de cet intérieur modèle. Le temps y coulait tranquille, sans secousse et sans bruit.

On sait déjà comment M. Valette a été grand vis-à-vis de la mort. Atteint d'une maladie incurable, dès le début il a vu ses forces diminuer au milieu des plus vives souffrances. Jamais une plainte, jamais une parole de découragement. Une patience stoïque ; que dis-je ? une résignation parfaite, selon toute l'acception chrétienne du mot. « Je souffre », disait-il à de rares intervalles, « c'est la volonté de Dieu » ; et, sans rien ajouter, il se taisait. Ces paroles révèlent le cœur de M. Valette. Il était religieux, non pas seulement de pensée et de principes, mais d'effet et de pratique. Ici encore son caractère d'homme de loi se faisait sentir. Il n'allait pas au delà de ce qui était commandé ; mais là où il y avait précepte, il l'observait dans sa rigueur. Quelque jours avant de mourir, il se traînait péniblement au bras de Mme Valette, le matin du samedi saint, se rendant à l'église de Saint-Etienne du Mont. C'était précisément le jour, l'heure où, chaque année, il avait coutume de faire ses Pâques ; il n'eût voulu, à aucun prix, les manquer une dernière fois.

Ses médecins n'avaient jamais pu obtenir qu'il se fît suppléer à son cours. Il voulait le continuer jusqu'au dernier jour. Chaque fois qu'on le voyait partir, on se demandait si on le ramènerait vivant. Il descendait quand même, portant avec lui la mort, qu'il recélait pour ainsi dire et à laquelle il commandait d'attendre. La vue des jeunes gens qu'il aimait, les applaudissements avec lesquels il était accueilli, ranimaient un instant son courage, et lui donnaient la force d'aller jusqu'au bout. Le lundi qui précéda sa mort, on fut cependant obligé de le remonter à bras. Le soir il prenait le lit, qu'il ne devait plus quitter. Le surlendemain au matin, Mme Valette lui annonça que c'était le moment de recevoir les derniers sacrements. Il suivit du regard les cérémonies du curé de Saint-Etienne qui l'administra. Quelques heures après, il disait : « Cela me fait du bien, je me sens mieux ». Le lendemain, vers midi, l'agonie commençait et le vendredi, 11 mai, à deux heures et demie du matin, il rendait le dernier soupir.

Il avait fait de son vivant les recommandations les plus précises sur l'ordre de ses funérailles. Il voulait être mis en son cercueil avec sa robe de professeur : c'était justice, lui qui est mort, pour ainsi dire, sa toque à la main.

Il demandait qu'on ne prononçât aucun discours sur sa tombe. « Dieu », avait-il ajouté, « me tiendra compte de cette acte d'humilité » ; on ne devait pas non plus envoyer de lettres de faire-part de sa mort. Enfin, il désirait qu'à l'église il y eût beaucoup de prêtres et une bonne musique, se souvenant encore de sa première vocation, qu'il avait si heureusement dédaignée.

Ses funérailles ont été remarquables par le concours des assistants, par le silence et l'attitude respectueuse de l'assemblée. C'était touchant de voir, en arrière du corbillard, les élèves de M. Valette, Français et Roumains portant à bras, ou sur des civières, les énormes couronnes que, tous, ils offraient à la mémoire de leur vénérable professeur.

Au cimetière, selon la volonté du défunt, aucun discours n'a été prononcé. On a seulement entendu quelques paroles d'adieu, qui doivent avoir ici leur place réservée.

M. Vacherot, au nom de l'Académie des sciences morales et politiques.

La mort n'épargne pas ses coups à notre Académie : hier elle frappait le marquis d'Audiffret ; aujourd'hui, c'est notre cher Valette qu'elle nous enlève. Pour apprécier dignement ce jurisconsulte de premier ordre, ce professeur tant recherché pour la netteté et la sûreté de son jugement, ce caractère droit, ce cœur aimant, cet esprit fin et profond, cet homme de bien par excellence, il eût fallu un discours. Mais l'homme qui a fui toute sa vie le bruit et l'éclat n'en a pas voulu sur sa tombe.

L'Académie n'a pas cru manquer au respect dû à ses dernières volontés, en me permettant de dire un dernier adieu au confrère aimé et vénéré qu'elle vient de perdre. Toujours juste, bon, affectueux jusque dans la sévérité de ses conseils et de ses jugements, il laissera dans le cœur de tous, confrères, collègues, élèves et amis, les regrets les plus vifs et le plus cher souvenir. Nul deuil n'aura causé plus de tristesse et d'émotion. C'est que nous l'avons vu toujours debout et prêt à la tâche, descendre lentement, sans se troubler ni fléchir, la douloureuse voie qui le menait au repos éternel. Nous l'avons vu, déjà bien malade, se traîner à grand'peine jusqu'aux dernières séances de notre Académie, et monter presque mourant dans sa chaire, pour adresser ses dernières paroles à cette jeunesse qu'il aimait tant, et qui pleure avec nous sur ce cercueil. De telles leçons et de tels exemples ne peuvent s'oublier. Je voudrais en dire davantage ; mais une voix me rappelle au silence. Adieu, notre bien-aimé confrère, adieu !

M. Giraud,
au nom des professeurs de l'École de droit.

Et nous aussi, nous voulons nous conformer à une volonté respectée, bien qu'elle étouffe nos sentiments les plus légitimes.

Pas de discours ! l'expression simple de nos regrets et du deuil de la science !

Au nom de toutes les Facultés de droit, au nom de la grande école qu'il a illustrée, nous adressons un adieu suprême à ce maître incomparable qui descend dans la tombe, entouré de tant d'estime et de douleurs.

Nul n'avait plus approfondi la science qu'il était chargé d'enseigner ; nul n'avait pénétré avec plus de sagacité dans ses doctrines juridiques ; nul n'a été plus dévoué à la religion du droit.

Doué d'une intelligence puissante et d'une énergique volonté, sa fermeté n'a pas fléchi, sous les atteintes même du mal cruel qui nous l'a ravi. Il est mort, comme aurait fait un jurisconsulte romain, disant le droit, jusqu'à la dernière heure. Il avait foi en Dieu et au devoir.

Adieu Valette, ! tu n'es pas mort tout entier pour nous.

La perfection de tes ouvrages nous reste comme un modèle, et une idée élevée demeure attachée à ton nom ; tu as honoré ton passage sur la terre. Adieu.

Mᵉ Bétolaud, bâtonnier de l'ordre des avocats, au nom du Barreau de Paris.

Puisque la modestie de M. Valette n'a point voulu d'éloges, le Barreau ne peut que s'associer du fond du cœur aux regrets qui viennent d'être exprimés. M. Valette comptait au palais, dans ce palais qu'il aimait et dont il était aimé, un grand nombre de ses anciens élèves devenus ses confrères : tous avaient gardé pour lui un souvenir reconnaissant et une sorte de piété filiale. Il semblait qu'il fût parmi nous le trait d'union entre la science abstraite du droit et ses applications fécondes au monde agité des affaires et des intérêts. Sa perte nous laisse des regrets qui seront ineffaçables.

M. Emile Jamais, étudiant de troisième année, au nom des élèves de l'École de droit.

En déposant une couronne sur cette tombe, les élèves de l'Ecole de droit veulent témoigner leur reconnaissance pour un maître dont l'enseignement fut à la fois si élevé et si approfondi, et leur admiration pour un jurisconsulte dont les travaux éminents ont honoré et enrichi la science.

Ce culte du professorat, cet amour de la science, ce désir de faire partager à la jeunesse le fruit de son talent, de ses travaux et de ses veilles, M. Valette les a conservés jusqu'à ses derniers moments. Il y a huit jours à peine, presque à la veille de la mort, malgré son âge et la maladie, il trouvait encore assez d'énergie morale pour imposer à ses douleurs physiques un silence malheureusement momentané, et pour remonter une dernière fois dans cette chaire qu'il avait occupée et illustrée pendant quarante-cinq ans. On eût dit qu'il voulait léguer à ses élèves une de ses dernières paroles et à la science une de ses suprêmes pensées.

Que de titres à notre souvenir et à notre vénération, chers Condisciples qui entourez ce cercueil ! Et quels exemples ! Portons sur nos maîtres cette affection dont M. Valette entourait ses élèves, apprenons à aimer la science qui fut la sienne, en présence de cette vie faite de travail, si bien et si dignement remplie, rappelons-nous cette parole d'un ancien : « Le plus grand hommage que l'on puisse rendre à la vertu, c'est de l'imiter ».

Heureux le vieillard qui est ainsi loué par la jeunesse !

Heureux le maître dont les élèves veulent recueillir la science et la vertu !

UN AMI DE LA FAMILLE VALETTE.

Bar-le-Duc. — Typographie des CÉLESTINS. — BERTRAND

www.ingramcontent.com/pod-product-compliance
Lightning Source LLC
Chambersburg PA
CBHW070529050426
42451CB00013B/2926